EIN FALL FÜR DICH UND DAS TIGER-TEAM

Fall 7

DER ALBTRAUM-HELIKOPTER

Rate-Krimi-Serie von

THOMAS C. BREZINA

Illustrationen von

Naomi Fearn

Schneider Buch
EGMONT

verlegt durch EGMONT Verlagsgesellschaften mbH
Gertrudenstraße 30–36, 50667 Köln

Titelbild und Illustrationen: Naomi Fearn,
Seiten 140–143, 146–147 : Lorna Egan
Lektorat: Theo Butz
Umschlaggestaltung: hilden_design, München/www.hildendesign.de
Druck und Bindung: CPI – Ebner & Spiegel, Ulm
ISBN 978-3-505-12486-0

09 10/8 7 6 5 4 3 2 1

Komm ins Tiger-Team!

NAME: Patrick - stark wie ein Tiger

MEINE STÄRKEN: Früher war ich dick, heute habe ich Muskeln. Ich mag Fußball und Leichtathletik. Wenn's was zu lachen gibt, bin ich dabei.

MEIN GRÖSSTES PROBLEM: Ich bin nicht immer so mutig, wie ich tue.

DAS FINDE ICH SPITZE: Schulpausen, mein Kaninchen Benny, Fallschirmspringen, Pizza, Eistee, Witze und Streiche

DAS MACHT MICH WILD: unfaires Spiel und Schnarchnasen

MEIN MOTTO: Volle Fahrt voraus!

NAME: Biggi (eigentlich Birgit) – schnell wie ein Tiger

MEINE STÄRKEN: Ich sammle alles, und am liebsten nehme ich die Dinge selbst in die Hand. Die Jungs sind manchmal lahm (nicht weitersagen!). Ich mache auch gerne Gedächtnistraining.

MEIN GRÖSSTES PROBLEM: Laut Patrick und Luk ist es mein Dickkopf. Den haben Nashörner und Elefanten aber auch ☺!

DAS FINDE ICH SPITZE: hippe Klamotten, Haselnusseis, leckere Sachen kochen, Pferde, tanzen, immer etwas zu futtern dabeihaben

DAS MACHT MICH WILD: lahme Jungs, Gejammer, zu kurze Ferien, Erwachsene, die mich nicht ernst nehmen

MEIN MOTTO: Locker vom Hocker, aber trotzdem voll stark!

NAME: Luk (eigentlich Lukas) – schlau wie ein Tiger

MEINE STÄRKEN: Ich bin ein Computer-Freak und mag ferngesteuerte Sachen. Ich habe ein fliegendes Schwein konstruiert und baue die Ausrüstung für unsere Fälle.

MEIN GRÖSSTES PROBLEM: Um mich herum herrscht immer Chaos!

DAS FINDE ICH SPITZE: Hamburger, meinen Computer-Notizblock, den ich zu einem irren Ding aufgerüstet habe, meine Spezialtasche voller Tricks

DAS MACHT MICH WILD: Streit kann ich nicht ausstehen, Biggis Besserwisserei auch nicht (aber ihr nicht sagen!). Und wenn meine Mutter mein Zimmer aufräumt. Bitte nicht!

MEIN MOTTO: So lange versuchen, bis es funktioniert!

DEIN STECKBRIEF:

NAME:.................................... - ....wie ein Tiger

MEINE STÄRKEN: ....

....

....

MEIN GRÖSSTES PROBLEM:...................................

....

....

DAS FINDE ICH SPITZE:...

....

....

DAS MACHT MICH WILD: ....

....

....

MEIN MOTTO: ....

....

....

TOP-WICHTIG

Finde die heißen Spuren und löse die Tiger-Team-Fragen.

Lege danach den Decoder FLACH auf das graue Feld und drehe ihn langsam.

Teste gleich hier:

Manchmal ist der Decoder auch nützlich zum Suchen.

Wenn du Bilder mit diesem Symbol siehst, dann lege deinen Decoder an dieser Stelle an und bewege ihn ganz gerade nach unten. In welchem Fenster taucht das Gesuchte auf? Und wo? Oben, unten oder in der Mitte des Bildes?

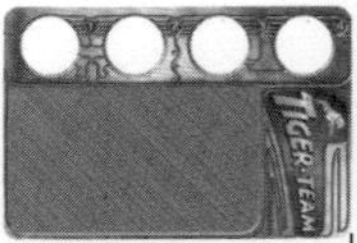

Nun gleich die erste Frage an dich:
In welchem Suchfenster findest
du das Fernglas?

Jede Menge nützliche Tipps und Trainingsfälle findest du ab Seite 140.
Und nicht vergessen: Trage für jede richtige Lösung einen Punkt auf deiner Fallkarte auf Seite 137 ein!

Und jetzt geht's los!

VERFOLGT?

„Ich fühl mich verfolgt“, flüsterte Patrick seinen Tiger-Team-Freunden Luk und Biggi zu. Die beiden sahen sich an und brachen in schallendes Gelächter aus.

„Von wem denn? Von King Kong? Oder von Superman?“, witzelte Luk.

„Oder sind die berühmten Kanalkrokodile hinter dir her, die es in New York geben soll?“, machte Biggi sich über ihn lustig.

Patrick meinte ärgerlich: „Ihr seid manchmal die totalen Quatschköpfe. Merkt ihr nicht, wie mich die Leute anstarren? Sie glotzen mir geradezu nach!“

„Das liegt bestimmt an deiner tollen neuen Motorradjacke, die dein Vater dir spendiert hat. Außerdem bist du heute frisch geduscht und siehst einfach umwerfend cool aus“, flötete Biggi und verdrehte die Augen wie ein frisch verliebter Teenager.

„Aber nein, Biggi. Es liegt daran, dass alle Leute unseren Patrick für einen Star halten", stichelte Luk.

„Klar, für Lassie oder für Flipper!", prustete Biggi los.

Patrick reichte es nun endgültig mit der Frotzelei. „Ihr habt wohl beide heute Nacht in der Witzkiste geschlafen", knurrte er. „Und beim Aufstehen ist euch der Deckel auf die Birne geknallt!"

Er steckte die Hände in die Taschen seiner Jacke und schmollte.

Das Tiger-Team besuchte für eine ganze Woche die Stadt New York, in der Patricks Vater einige Geschäfte zu erledigen hatte. Als Geburtstagsgeschenk für seinen Sohn hatte er ihn, Luk und Biggi eingeladen, mitzukommen. Die drei freuten sich natürlich wahnsinnig und waren von der gigantischen und quirligen amerikanischen Metropole total begeistert.

Den ganzen Tag lang schlenderten sie durch die Straßen, bestaunten die oft über hundert Meter hohen Wolkenkratzer, sahen sich in riesigen Kaufhäusern um, entdeckten aber auch winzige Läden, in denen es die unglaublichsten Sachen zu kaufen gab. Und sie futterten jede Menge Hamburger, die in New York einfach besser schmeckten.

Mittlerweile waren die drei auf dem berühmten Times Square angekommen. Plakate, die fast so groß wie ein Fußballfeld waren, hingen hier an den Fassaden der Häuser. Autos hupten, Polizeisirenen heulten, und unglaublich viele Menschen drängten sich auf den Gehsteigen.

Plötzlich kamen zwei Mädchen auf Patrick zu und streckten ihm ein Heft und einen Kugelschreiber entgegen. Sie redeten Englisch auf ihn ein, und Partrick verstand irgendetwas von „Autogramm“.

THE BIG BROADWAY HIT FOR KIDS!
ZORRO junior
starring: BARRY BAXTER
MADRE MIA
TICKETS
NUTCRACKE
BEELINE
HAIRGEL
"BRILLIANT" LA Times
it's back!!
BASED ON THE JOHN WATE
AVENUE
PALACE
ROCK
DAILY SHOWS:

„He, Leute, hättet ihr gedacht, dass wir schon so berühmt sind?“, fragte Patrick seine Tiger-Team-Freunde verwundert. Ein wenig verlegen kritzelte er seinen Namen in das Heft, und die Mädchen bedankten sich mit einem strahlenden Lächeln.

Abermals kamen Mädchen zu ihm, und wieder musste er unterschreiben. Biggi und Luk blickten einander erstaunt und ziemlich ratlos an. Wieso wollten die alle Autogramme von Patrick?

Über den Köpfen des Tiger-Teams ertönte hoch über dem Platz das brummende Rotorengeräusch eines Helikopters. Es handelte sich um ein glänzend schwarzes, besonders wendiges Modell.

An der Unterseite war eine Art Fernrohr angebracht, das kreisend wie ein Scheinwerfer die Menschenmenge auf der Straße abzusuchen schien. Als es Patricks Kopf ins Visier bekam, blieb es stehen.

Ungeduldig warteten Biggi und Luk auf ihren Freund, der schon wieder von lauter Mädchen umringt war, die alle seine Unterschrift wollten.

Biggi schnaubte ärgerlich und sah sich um, ob es nicht etwas Interessantes in der Nähe gab, das sie in der Zwischenzeit besichtigen könnten. Plötzlich aber rief sie: „Luk, jetzt ist mir alles klar. Es handelt sich um eine Verwechslung!“

Mit welcher berühmten Person wird Patrick verwechselt?

DER HELIKOPTER GREIFT AN

Nachdem Patrick endlich alle „Fans“ zufriedenstellen konnte, reichte ihm Luk eine große Sonnenbrille und eine Baseballkappe.

„Los, setz das auf, damit du nicht ständig für diesen Typen gehalten wirst“, meinte er.

Das Tiger-Team beschloss, eine Runde im Central Park zu drehen, der sich mitten in der Stadt befindet. Ohne dass sie es bemerkten, folgte ihnen der schwarze Helikopter. Auf dem Zielfenster des Suchgeräts an der Unterseite erschien ein Fadenkreuz, das ständig auf Patrick gerichtet war.

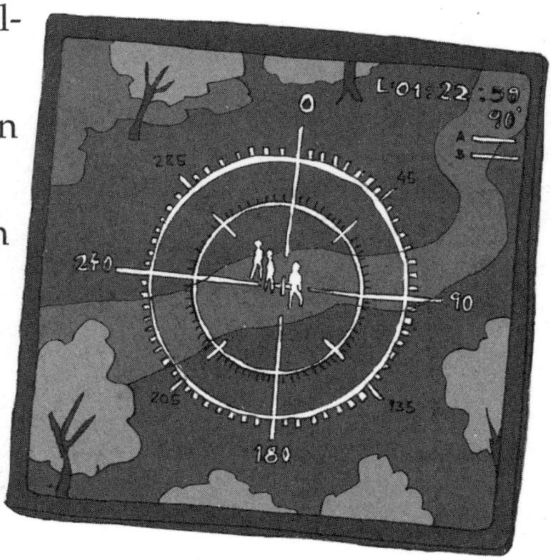

Ein Computer sorgte dafür, dass der Helikopter automatisch immer über dem Jungen blieb.

„Ehrlich gesagt, es ist gar nicht so schlimm, ein Star zu sein. Ich könnte mich glatt daran gewöhnen", bemerkte Patrick gerade lässig.

Luk grinste. „In der Zeitung steht aber, dass dieser Barry Probleme mit einem Mädchen hat. Es verfolgt ihn auf Schritt und Tritt und will ihn unbedingt küssen. Mann, wenn die dich entdeckt, gibt es eine wilde Knutscherei. Viel Spaß!"

Die drei Tiger waren auf einer großen Wiese im Park angelangt und wollten sich kurz in die Sonne setzen. Doch sie kamen nicht dazu, denn von oben sauste der schwarze Helikopter wie ein Raubvogel auf sie herab.

Der Boden des Rumpfs, wo sich auch das Suchgerät befand, öffnete sich.

Bevor die drei begriffen, welche Gefahr ihnen drohte, hatte sich der Helikopter auch schon über sie gestülpt. Robotergreifarme packten die Tiger und machten jeden Fluchtversuch unmöglich. Der Boden schloss sich unter ihren Füßen, und mit lautem Dröhnen

erhob sich der unheimliche Helikopter wieder in die Luft.

Jetzt erst schaffte es Biggi, den Mund zu öffnen und ein verzweifeltes „Hi... Hi... Hilfe!“ zu stammeln.

„Was ... was soll das?“, schrie Luk gegen den Krach der Rotoren an.

„Rauslassen ...! Lassen Sie uns raus ...!“, tobte Patrick. Doch der Pilot verzog hinter seiner verspiegelten Brille keine Miene. Mit eckigen Bewegungen betätigte er die verschiedenen Steuerhebel und lenkte den Helikopter unbeirrt und zielsicher durch die Straßenschluchten von New York.

„He, was soll das?“, schrie Luk wieder und rüttelte den Mann an der Schulter.

Eine heftige Windböe ließ den Hubschrauber absacken, und das Tiger-Team verlor das Gleichgewicht. Die drei Freunde stürzten zu Boden und rutschten gegen die hintere Wand der Kabine.

Plötzlich riss Luk die Augen weit auf und stammelte: „Ich glaube … ich träume! Das gibt es doch gar nicht …“

Was hat Luk so erschreckt? Lege den Decoder an.

PATRICK IN GEFAHR

Hinter dem Tiger-Team knackte es. Erschrocken fuhren die drei herum und entdeckten einen Bildschirm. Er schaltete sich von selbst an, und eine seltsame Erscheinung wurde sichtbar.

Es handelte sich um eine Person in einem Kostüm, das aus Millionen von Goldplättchen zusammengesetzt war. Sogar Kopf und Gesicht waren von einer Kapuze aus demselben Material bedeckt, die nur zwei Löcher für die Augen und eins für den Mund besaß.

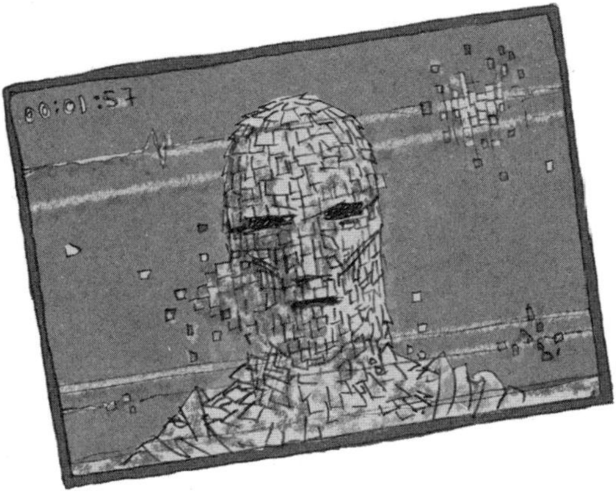

„Barry, du befindest dich in meiner Gewalt!“, sagte der Unbekannte mit blecherner und verzerrter Stimme.

Luk, der von den Tigern am besten Englisch sprach, schüttelte heftig den Kopf. „Nein, das ist ein Irrtum. Er ist nicht Barry, er ist Patrick und sieht Barry nur ziemlich ähnlich!“

„Ja, ich bin Patrick!“, keuchte sein Freund. „Glauben Sie mir!“ Ihm stand der Angstschweiß auf der Stirn.

Der Unbekannte lachte tief und hohl. „Du bist wirklich ein großartiger Schauspieler, Junge. Aber ich falle nicht auf dich rein. Leider haben wir auch deine Freunde erwischt. Doch die interessieren uns nicht. Deshalb werden sie gleich wieder abgesetzt. Du aber bleibst!“

„Nein … bitte nicht! Ich bin nicht dieser Barry. So glauben Sie mir doch!“, flehte Patrick ihn an.

„Ganz ruhig! Sobald wir aussteigen dürfen, ziehen wir dich mit raus“, flüsterte Biggi ihm zu.

Sofort klappten vier Greifarme aus der Wand des Helikopters, die Patrick mit eiserner Kraft umklammerten. Er konnte sich nicht mehr rühren.

„Er bleibt, ihr geht!“, dröhnte es blechern aus dem Lautsprecher. „Und ich warne euch: Solltet ihr irgendjemandem von diesem Vorfall erzählen oder sogar die Polizei einschalten, werde ich euren Freund in den Hudson River werfen. Mit einem Betonklotz an den Beinen!“, drohte der Unbekannte. „Habt ihr verstanden?“

Biggi und Luk nickten beklommen. Das Herz klopfte ihnen bis zum Hals.

Im Sturzflug raste der Helikopter auf das Dach eines Wolkenkratzers zu. Erneut öffnete sich der Boden, und die beiden Tiger wurden unsanft hinausbefördert.

Gleich darauf erhob sich der Hubschrauber wieder und verschwand mit Patrick an Bord zwischen den Hochhäusern.

Die beiden Tiger brauchten einige Sekunden, ehe sie einen klaren Gedanken fassen konnten. War das nur ein Albtraum gewesen? Oder hatten sie es tatsächlich erlebt?

Nein, sie hatten nicht geträumt. Patrick war nicht mehr da. Er befand sich noch immer an Bord dieser Höllenmaschine und war zweifellos in großer Gefahr.

„Was … was machen wir jetzt?", fragte Biggi. „Ich habe Angst um Patrick. Wenn die Entführer entdecken, dass sie den Falschen gekidnappt haben, schaffen sie Patrick vielleicht aus dem Weg!" Sie holte einen Haselnussriegel aus der Tasche. Auf den Schreck hin brauchte sie erst mal was Süßes.

Luk überlegte einen Augenblick.

„Wir müssen auf alle Fälle diesen Barry Baxter finden und ihn warnen", meinte er.

„Und dann muss der Typ sich verstecken. Gut verstecken! Damit die Gangster ihren Irrtum nicht doch noch bemerken."

„Aber wie sollen wir denn diesen Barry finden?", wollte Biggi wissen.

Luk hatte einen Vorschlag: „Wir versuchen es im Theater. Es ist kurz vor Mittag, und meistens finden um diese Zeit Proben statt.

Auch wenn Barry nicht dort ist, kann uns vielleicht jemand sagen, wo er wohnt. Mist, ich habe mir nicht gemerkt, wie das Theater heißt, in dem *Zorro junior* gespielt wird.“

Biggis Augen leuchteten auf: „Aber ich!“, rief sie und freute sich, dass sie einmal mehr wusste als Luk.

FRAGE AN DICH

Wie heißt das Theater?

HAUT AB!

Es dauerte eine Weile, bis Luk und Biggi eine Tür entdeckten, durch die sie vom Dach in das Innere des Hochhauses gelangen konnten. Da sie keinen Lift fanden, mussten sie siebenunddreißig Stockwerke hinunterlaufen.

Der Weg zum Theater war lang, und beiden taten die Füße weh, als sie endlich das etwas altmodische Gebäude erreichten, in dem sich das Domino Theatre befand.

Da sie genau zur Mittagszeit ankamen, war das Theater natürlich geschlossen. Die nächste Vorstellung würde erst am Abend stattfinden. Aber die beiden Tiger wussten, dass jedes Theater einen Bühneneingang hatte, durch den die Schauspieler, Musiker und technischen Mitarbeiter das Haus betraten.

Dieser Eingang war den ganzen Tag über geöffnet.

Doch als Biggi und Luk dort ankamen, ließen sie verzweifelt die Schultern hängen.

Vor dem Bühneneingang drängten sich mindestens zweihundert Jungen und Mädchen und verlangten lautstark nach dem jungen Musicalstar. Alle wollten Autogramme von ihm haben. Wie sollte es den Tigern da je gelingen, an Barry Baxter heranzukommen?

„Los, wir schaffen das. Auf die Knie und zwischen den Beinen durchkrabbeln“, sagte Biggi und bewies wieder einmal, dass sie tatsächlich die Ausdauer eines Tigers besaß.

SHOW
ZORRO
DOMINO
THEATRE

Zwar war Luk von ihrem Vorschlag nicht gerade begeistert, aber was blieb ihm anderes übrig?

Barrys Fans waren zum Glück so sehr damit beschäftigt, nach ihrem Star Ausschau zu halten, dass sie den beiden Tigern, die zwischen ihren Beinen hindurchkrochen, keine Beachtung schenkten. Schließlich hatten Biggi und Luk die Tür zum Bühneneingang erreicht. Allerdings wurde der von einem gefährlich aussehenden Mann bewacht. Er war groß und kräftig und schien keinen Spaß zu verstehen.

„Haut ab!", zischte er den beiden Tigern zu. „Verschwindet!"

„Bitte! Wir müssen unbedingt zu Barry Baxter. Es ist lebenswichtig!", flehte Biggi.

„Das behaupten alle", knurrte der Türsteher. „Verschwindet endlich!"

„Hören Sie, Barry ist in Gefahr! Er könnte entführt werden!", erklärte Luk aufgeregt.

„Mister Baxter ist gar nicht im Haus. Die Kids warten alle vergeblich. Und ihr auch!", bellte der Mann.

„Vielleicht sagt er die Wahrheit", meinte Biggi entmutigt.

„Dann kriegen wir seine Adresse raus. Wir müssen ihn finden!", erwiderte Luk entschlossen.

Sagt der Türsteher die Wahrheit?

DAS SCHWARZE ZIMMER

Nachdem der Helikopter Biggi und Luk abgesetzt hatte, raste er mit hoher Geschwindigkeit zwischen den Wolkenkratzern davon. Patrick zitterte vor Angst am ganzen Körper. Was würde jetzt geschehen? Was hatte der Entführer mit ihm vor?

Plötzlich kam ihm ein wichtiger Gedanke: „Pass genau auf, wohin dich der Helikopter bringt! Merk dir alles, was du unterwegs erkennen kannst! Vielleicht kann dir das später irgendwie helfen."

Der Entführer schien seine Gedanken erraten zu haben. Denn als Patrick den Hals reckte, um besser durch die große Cockpitscheibe sehen zu können, strömte zischend bläuliches Gas aus einer Düse und betäubte ihn augenblicklich.

Als Patrick wieder zu sich kam, lag er flach auf dem Boden eines kleinen Zimmers. Von der Decke baumelte eine Glühbirne, die den Raum nur schwach erhellte.

Stöhnend richtete sich Patrick auf. In seinem Kopf schien ein kleiner Kobold zu sitzen, der ihm ständig gegen die Schädeldecke hämmerte.

Es kostete Patrick einige Mühe, die Augen zu öffnen und sich aufzusetzen. Dann blickte er sich suchend um und musste feststellen, dass das Zimmer bis auf eine Matratze völlig leer war. Die Wände und auch die Scheiben des einzigen Fensters waren mit schwarzer Farbe angestrichen.

Patrick hatte entsetzlichen Durst. Sein Mund war völlig ausgetrocknet, und seine Zunge fühlte sich wie Löschpapier an. Er wankte zur Tür und hämmerte mit den Fäusten dagegen.

„Bitte … Wasser … bitte!“, flehte er. Aber niemand kam. Draußen blieb es völlig still.

Keuchend und ächzend torkelte der Tiger zu dem Fenster. Er kniete sich davor und versuchte, kleine Löcher in die Farbschicht zu

kratzen. Er musste lange rubbeln, bis endlich ein fingernagelgroßes Guckloch frei war. Viel konnte er allerdings nicht erkennen. Deshalb schabte er noch ein Loch in die Farbe und dann noch eins und ein drittes, ein viertes und schließlich ein fünftes. Danach legte Patrick sich erschöpft auf die Matratze. Einiges wusste er jetzt.

Offenbar war er nach wie vor in New York City im Stadtteil Manhattan, und der Entführer hatte ihn in ein Hochhaus gebracht.

Der Tiger befand sich in einem der obersten Stockwerke, und vor seinem Fenster ragte ein besonders auffälliger Wolkenkratzer in die Höhe.

Patrick suchte in seiner Tasche nach dem kleinen Stadtplan, den Luk ihm vor der Abreise gegeben hatte. Er zeigte eine vereinfachte Darstellung des New Yorker Stadtkerns. Einige berühmte Gebäude waren abgebildet.

Vielleicht befand sich auch das Hochhaus darunter, das Patrick von seinem Fenster aus sehen konnte?

Findest du heraus, um welches Hochhaus es sich handelt?

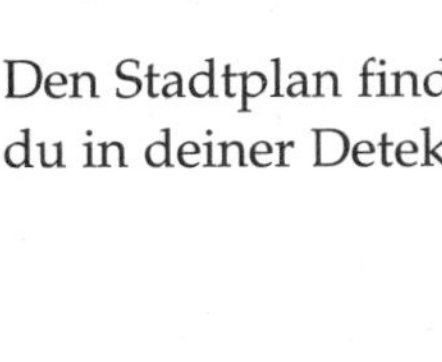

Den Stadtplan findest du in deiner Detektivausrüstung.

WIR MÜSSEN INS THEATER!

Mittlerweile hatten einige Barry-Baxter-Fans bemerkt, dass sich Luk und Biggi nach vorn gemogelt hatten. Wütend wurden die beiden wieder nach hinten befördert.

„Was jetzt?“, grübelte Luk. „Wir müssen in das Theater und mit Barry reden! Aber wie sollen wir das anstellen?“

Biggi suchte mit den Augen die Straße ab und entdeckte einen himmelblauen Kleinlaster, der gerade wenige Meter von ihnen entfernt hielt. Zwei Männer in ebenfalls himmelblauen Overalls stiegen aus und öffneten die hinteren Laderaumtüren. Sie nahmen zwei Leitern und Farbeimer heraus und wollten auf den Bühneneingang des Theaters zugehen. Doch als sie die wartenden Fans bemerkten, verzogen beide ärgerlich das Gesicht. „Da kommen wir nie durch. Muss sich dieser verwöhnte Lausebengel Barry Baxter eben noch ein wenig gedulden", brummte der ältere der beiden Männer.

„Vielleicht kann er heute Abend nicht singen, wenn wir seine Garderobe nicht vorher frisch gestrichen haben", spottete der andere.

„Die Rotznase singt nicht, sie quietscht wie eine singende Säge", lästerte sein Kumpel.

Die Maler schoben Leitern und Farbeimer zurück in den Wagen und verschwanden in der nächsten Kneipe.

Biggi war nicht entgangen, dass die beiden den Wagen nicht abgeschlossen hatten.

„Komm mit", flüsterte sie und zupfte Luk am Ärmel.

Wieselflink huschte sie zu dem Kleinlaster, öffnete eine der Türen zum Laderaum und sprang hinein. Luk zerrte sie einfach mit.

Schnell hatte Biggi gefunden, wonach sie suchte. Sofort schlüpften die beiden Tiger in die zwei Ersatzoveralls, die im Wagen lagen. Dann setzte jeder noch eine himmelblaue

Kappe auf und zog sie tief ins Gesicht. Mit den Leitern und Farbeimern ausgerüstet, kletterten sie wieder ins Freie.

Als der Türsteher sie kommen sah, befahl er den Fans sofort, Platz zu machen. Biggi und Luk hielten die Köpfe gesenkt, damit der Mann ihre Gesichter nicht sehen konnte.

„Zweiter Stock, Name steht an der Tür!“, rief ihnen der Türsteher noch nach.

Sie hatten es tatsächlich geschafft. Sie waren im Theater und unterwegs zu Barrys Baxters Garderobe.

Schnell hatten die Tiger die Tür gefunden, auf der drei rote Sterne klebten, unter denen der Name des jungen Musicalstars stand. Sie klopften, aber niemand antwortete. Biggi klopfte erneut, doch wieder geschah nichts. Ohne lange zu überlegen, drückte sie einfach die Türklinke hinunter und steckte den Kopf ins Zimmer. „Hallo? Ist da jemand?“, rief sie.

„Oh, Sie sind es. Sie wollen bestimmt meine Garderobe streichen. Bitte, kommen Sie nur herein“, meldete sich eine schüchterne Stimme. Sie gehörte einem Jungen, der verlegen aus dem Wandschrank stieg, in dem er sich versteckt hatte.

Biggi und Luk rissen verblüfft die Augen auf, als sie Barry Baxter erkannten. Der Junge

sah ihrem Freund Patrick wirklich zum Verwechseln ähnlich.

„Verzeihung, aber wir sind gar nicht die Maler“, erklärte Luk. Als er Barrys erschrockenes Gesicht bemerkte, fügte er schnell hinzu: „Aber wir müssen unbedingt mit dir reden. Es ist sehr wichtig, und wir wollen auch ganz bestimmt kein Autogramm.“

Barry schaute sie ängstlich an.

Um ihn zu beruhigen, holte Luk seinen Mini-Computer heraus und schrieb auf den druckempfindlichen Bildschirm: *Fotos Tiger-*

Team. Gleich darauf erschienen mehrere Aufnahmen der drei Freunde, die der Computer gespeichert hatte.

„Unser Freund sieht genauso aus wie du“, erklärte Luk. „Er ist heute von einem echten Albtraum-Helikopter entführt worden!“

Der junge Star glaubte ihm kein Wort. Also erzählten Biggi und Luk ihm, wer sie überhaupt waren und woher sie kamen. Sie berichteten auch von den zahlreichen Fällen, die sie schon erfolgreich gelöst hatten.

„Ihr seid ... so was wie ... Detektive?“, fragte Barry. Die Tiger nickten.

„Dann könnt ihr mir gleich helfen. Ich werde nämlich verfolgt. Von einem Mädchen“, berichtete Barry. „Es schreibt mir ständig seltsame Briefe, und heute kam das hier. Ich weiß, es sieht aus wie ein leeres Blatt Papier, aber unten steht ganz klein, was ich damit machen soll, um die Geheimschrift lesen zu können.“

Biggi nahm das Blatt und hielt es kurz unter eine Lampe. Dann verschwand sie damit im Wandschrank. Als sie die Zeilen las, die ihr im Dunkeln entgegenleuchteten, zuckte sie entsetzt zusammen. „Armer Barry“, meinte sie, als sie zurückkam, „ich möchte nicht in deiner Haut stecken. Weißt du denn, wer dieses Monster-Mädchen ist?“

„Keine Ahnung, sie unterschreibt ihre Briefe ja nicht“, jammerte Barry.

Luk tat der Junge leid. Als Star hatte man es offenbar nicht immer leicht.

Erst jetzt sah Biggi auf dem Boden jede Menge Fanpost liegen. Sie bückte sich und betrachtete die Briefe sehr genau. Plötzlich sagte sie: „Seht mal, der hier ist mit derselben Handschrift wie die unsichtbare Nachricht geschrieben. Und sogar ein Foto von der Vampirbraut ist dabei.“

Die Jungen beugten sich über den Brief und erschraken.

FRAGE AN DICH

Von wem stammt der Drohbrief?

TIGER-TEAM TIPP

Die unsichtbare Nachricht findest du in deiner Detektiv-Ausrüstung.

EIN ERSTER VERDACHT

„Die sieht ja aus wie Frankensteins Tochter", stöhnte Barry Baxter. „Dafür kann sie zwar nichts, aber sie muss mir doch nicht gleich drohen. Ich … ich werde diese Garderobe nie wieder verlassen. Nur hier bin ich vor ihr sicher. Diese Sache macht mich völlig fertig!"

Stöhnend ließ sich der junge Schauspieler auf sein bequemes Sofa fallen.

Erst jetzt sahen Biggi und Luk, wieso die Garderobe frisch gestrichen werden musste.

Irgendjemand hatte mit roter Farbe viele gemeine Schimpfworte und böse Zeichnungen an die Wände gesprüht. Offensichtlich hatte Barry nicht nur Fans, sondern auch Feinde.

„Es ist toll, auf der Bühne zu stehen, aber solche irren Fans machen einem das Leben zur Hölle“, gestand der Junge erschöpft.

„Bitte, bitte, glaub uns, dass man dich heute entführen wollte. Aber die Gangster haben aus Versehen unseren Freund erwischt, weil er dir so ähnlich sieht“, sagte Luk eindringlich.

Barry wurde käseweiß im Gesicht. „Ob das diese Sara Simpel war?“, fragte er leise.

Biggi und Luk zuckten die Schultern. Nein, das glaubten sie nicht. Sara Simpel war bestimmt nur sauer, weil Barry nicht auf ihren Fanbrief geantwortet hatte. Sie war sicher ein wenig verrückt, aber deshalb plante sie doch nicht gleich ein Verbrechen.

„Nur, warum will mich dann jemand entführen?“, fragte Barry.

Luk hatte da schon ein paar Ideen. „Vielleicht um Lösegeld zu erpressen. Du bist doch bestimmt sehr reich. Oder … oder damit du nicht mehr auftreten kannst.“

„Wir müssen uns ein bisschen im Theater umschauen und umhören. Vielleicht haben sich die Entführer schon gemeldet“, meinte Biggi. „Barry, du bleibst aber hier.“

Der Junge nickte. „Ich habe mich schon seit gestern Abend nicht mehr aus meiner Garderobe getraut. Das wissen allerdings nur meine Eltern, sonst niemand.“

Luk und Biggi schlüpften aus den Maleroveralls und beschlossen, sich als Reporter der Barry-Baxter-Fan-Zeitung auszugeben. Bestimmt würden sie dann ein paar Antworten auf ihre Fragen bekommen.

Sie liefen durch die langen Gänge des Theaters und blieben schließlich vor einer Tür stehen, hinter der Klaviermusik ertönte. Dazu sang ein Junge, dass er der große Held Zorro junior sei.

Die Tiger spähten vorsichtig in den kleinen Saal und sahen eine zierliche Frau mit langem, glattem Haar, die auf einem Flügel spielte. Sie presste die Lippen zusammen und wirkte ziemlich verbissen.

Neben ihr tanzte ein Junge, der ungefähr zwölf Jahre alt sein musste. Er bewegte sich nicht gerade sicher.

„Ich kapier einfach nicht, warum alle diesen Barry so toll finden. Was der kann, kann ich schon lange“, meinte er arrogant. „Ich könnte den Zorro sogar in einer der schwierigsten Sprachen der Welt spielen!“

Die Frau knallte wütend den Deckel des Flügels zu. „Ganz bestimmt, Dennis. Aber du musst trotzdem noch fleißig trainieren. Du musst besser werden als dieser dämliche Barry.“

„Ich bin schon besser, Mam. Und deshalb will ich auch alle Vorstellungen spielen. Nicht nur einmal in der Woche oder dann, wenn Barry nicht kann“, sagte Dennis trotzig.

„Das ist also der Junge, der für Barry einspringt. Ich glaube, man nennt so was Zweitbesetzung“, raunte Luk seiner Tiger-Freundin zu.

Mit zuckersüßer Stimme versprach Dennis' Mutter: „Du wirst sehen, schon bald verschwindet dieser Barry von der Bildfläche, und du wirst der neue Star. Verlass dich ganz auf deine Mam!“ Siegessicher lächelte sie ihrem Sohn zu.

„Die könnte doch hinter der Entführung stecken“, flüsterte Biggi, und Luk stimmte ihr zu.

„Dann krieg ich auch endlich Fanpost“, freute sich Dennis. „Und alle Mädchen werden ganz wild auf mich sein. Und diesen Bostard Barry werden sie vergessen!“

„Das heißt Bastard“, verbesserte ihn seine Mutter. „Los, jetzt wird weitergeübt!“ Sie öffnete den Flügel wieder und hieb in die Tasten.

Die Tiger-Freunde schlossen lautlos die Tür und gingen weiter. „Weißt du, was ich glaube?“, fragte Biggi plötzlich. „Vielleicht hat einer von den beiden Barrys Garderobenwände vollgesprayt, um ihn zu ärgern.“

„„Schon möglich“, meinte Luk. „Aber einen Beweis gibt es nicht.“

Oder doch?

FRAGE AN DICH

Was überführt den Sprayer? Weißt du auch, welche Sprache Dennis noch beherrscht?

DIE GEFÄHRLICHE BÜHNE

Luk und Biggi öffneten die Tür am Ende des Gangs und betraten die Bühne. Es fand dort gerade keine Probe statt. Sie sahen nur einen älteren Mann, der so dick war, dass er fast zu platzen schien. Er trug einen schwarzen Hut und eine dunkle Sonnenbrille, obwohl es im Theater nicht besonders hell war.

Der Mann hob den Kopf und schrie: „He, Sie da oben! Ist wirklich alles in Ordnung? Während der letzten Vorstellung ist in der großen Liebesszene der halbe Saloon heruntergekracht!“

Die Tiger folgten seinem Blick und sahen über der Bühne verschiedene Kulissenteile an dicken Seilen hängen.

Zufällig wussten sie, dass dieser Teil des Theaters Schnürboden hieß. Während der Vorstellung mussten bei den Szenenwechseln die jeweiligen Bühnenbilder dann nur heruntergelassen werden.

„Hören Sie, es wäre eine Katastrophe, wenn heute wieder so ein Teil herunterdonnert!“, brüllte der fette Mann. Als er Luk und Biggi entdeckte, redete er einfach mit ihnen weiter. „Wenn das passiert, kann ich das Theater schließen, bis der Schnürboden repariert ist. Aber es sind schon alle Vorstellungen ausverkauft. Ich müsste den Leuten das Geld zurückgeben, und das würde mich ein Vermögen kosten. In solchen Fällen zahlt die Versicherung nämlich nicht.“

Als er die erstaunten Gesichter der beiden Tiger sah, ging er auf sie zu und schüttelte ihnen kräftig die Hand. „Sam Silver mein Name“, erklärte er polternd. „Ich bin der Direktor des Theaters. Und wer seid ihr eigentlich?“

Luk stellte sich und Biggi als Reporter der Barry-Baxter-Fan-Zeitung vor.

„Aha“, meinte der Direktor nur.

„Sagen Sie, Mister Silver, in welchen Fällen zahlt die Versicherung den Schaden, wenn eine Vorstellung ausfällt?“

Sam Silver überlegte kurz. „Nur wenn einer der Hauptdarsteller plötzlich krank wird oder verschwindet und seine Zweitbesetzung auch nicht auffindbar ist. Und jetzt muss ich weiter“, schnaufte er und stampfte davon.

Biggi ging langsam über die Bühne und schaute in den leeren Zuschauerraum, der mehr als tausend Sitzplätze hatte. Es musste ein tolles Gefühl sein, vor so vielen Menschen zu spielen, dachte sie.

„Du, vielleicht steckt der Direktor selbst hinter der Entführung. Damit er den Schnürboden reparieren lassen kann und trotzdem Geld von der Versicherung kassiert“, sagte Luk leise.

Biggi bestaunte die Kulissen, die hoch über ihnen schwebten, und meinte: „Möglich wäre das schon.“

Plötzlich aber entdeckte sie etwas. Ein Teil des Bühnenbilds würde demnächst abstürzen. Das Seil, an dem die Kulisse hing, war fast durchgerissen. „Schnell weg!“, rief sie aufgeregt und schubste Luk zur Seite.

50 lb
50 lbs

Drei Sekunden später krachte etwas genau an der Stelle auf die Bühne, an der der Tiger gerade noch gestanden hatte.

Welches Kulissenteil ist abgestürzt?

DIE TODESUHR

Für Patrick schien die Zeit stillzustehen. Er kauerte noch immer auf der Matratze in dem schwarzen Zimmer. Was würde als Nächstes geschehen?

Der Entführer hatte ihm seine Sportuhr weggenommen und dafür eine ziemlich klobige Uhr angelegt. Was Patrick daran ver-

wunderte, war das Metallarmband. Es ließ sich nicht mehr öffnen. Patrick empfand es wie eine Handschelle und fragte sich besorgt, was das Ding wohl bewirken würde.

Endlich vernahm er Schritte. Patrick drängte sich in die hinterste Ecke des Zimmers und starrte gebannt auf die Tür. Er hörte, wie draußen jemand auf Tasten tippte. Jedes Mal gab es einen Piepton, was bedeutete, dass die Tür durch eine Art Nummernschloss mit einem Geheimcode verriegelt war.

Es knackte und quietschte, und mehrere Riegel schienen sich automatisch zu öffnen. Die Tür war offensichtlich gut gesichert.

Als sie endlich aufschwang, rauschte der seltsame Typ in dem Goldgewand herein und baute sich drohend vor Patrick auf. Gebieterisch starrte er auf den Tiger herab und sagte mit verstellter, tiefer Stimme: „Heute kannst du beweisen, dass du auch mal zu etwas nütze bist, Kleiner!“

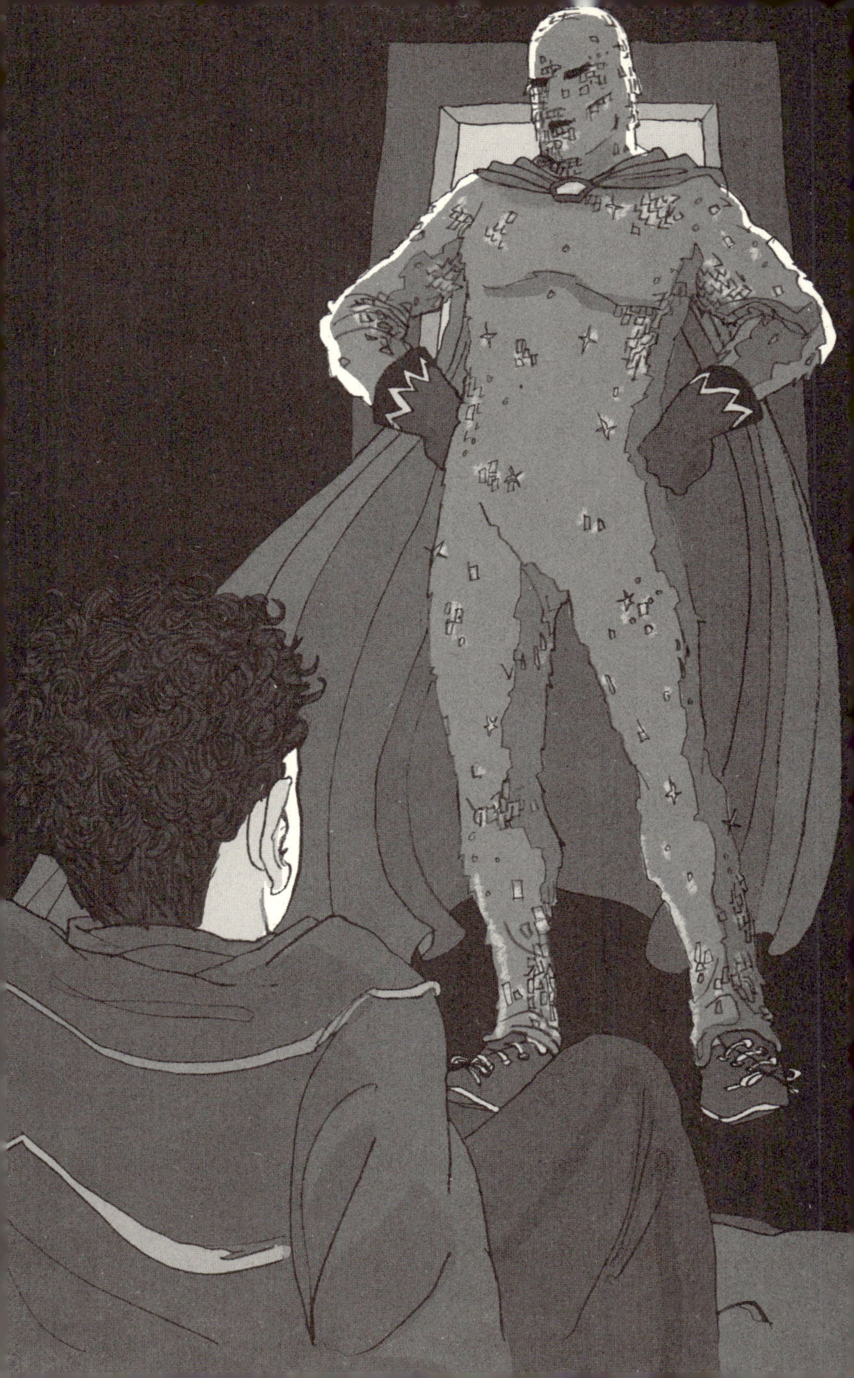

Patrick kämpfte mit sich. Sollte er noch einmal versuchen, die Verwechslung aufzuklären? Nachdenklich starrte er auf die Schuhe des Entführers.

Schließlich zog er es vor, zu schweigen. Der Typ würde ihm ohnehin nicht glauben.

„In die heutige Vorstellung von *Zorro junior* wird Ivana Trotter kommen, die Frau des reichsten Mannes von Amerika. Die eingebildete Ziege mag so kleine Rotznasen wie dich. Nach der Vorstellung wird sie dich in deiner Garderobe besuchen. Deine Aufgabe ist es, sie zu überreden, mit dir auf das Dach des Theaters zu gehen. Und zwar ohne ihre Leibwächter. Sag, du willst ihr ein Geheimnis zeigen. Alles andere erledige dann ich. Gelingt es dir, werde ich dir einen Zettel zuwerfen, auf dem eine wichtige Botschaft steht."

„Was für eine wichtige Botschaft?"

„Ich werde dir sagen, wie du verhindern kannst, in die Luft zu fliegen. In der Uhr, die ich dir angelegt habe, tickt nämlich eine Bombe. Doch wenn du versagst, behalte ich für mich, wie du dich retten kannst, und kurz darauf heißt es dann ‚Adieu, Barry'!"

Was für eine grausame Erpressung. Patrick konnte nicht fassen, dass jemand dazu imstande war. Er wollte etwas sagen, aber seine Kehle war plötzlich wie zugeschnürt. „Ich … also … bitte …", krächzte er nur.

„In Kürze wirst du ins Theater gebracht. Falls du dort nur ein Wort verrätst, kannst du gleich dein Testament machen, klar?"

Patrick blieb nichts anderes übrig, als zu nicken. Er schluckte verzweifelt, während er auf das hochexplosive Ding an seinem Handgelenk starrte.

Auf den ersten Blick sah es wie eine völlig normale Uhr aus. Aber bei näherem Hinsehen bemerkte der Tiger, dass sie nicht einen einzigen Dreh- oder Druckknopf besaß.

Und als ihn der Entführer wieder allein gelassen hatte, entdeckte Patrick noch etwas höchst Seltsames an der Uhr.

Was ist Patrick an der Uhr aufgefallen?

DAS VORVORLETZTE STOCKWERK

Es verging eine weitere halbe Stunde, bis Patrick aus dem Versteck fortgebracht wurde. Diesmal blieb ihm die Kopfschmerzen verursachende Betäubung erspart. Der Unbekannte in der glitzernden Goldrobe verband ihm nur die Augen und fesselte seine Hände auf dem Rücken. Ziemlich unsanft zerrte er den Tiger dann aus dem Raum und durch einen langen Gang zu einer Treppe.

Patrick versuchte, das Gesicht an seiner Schulter zu reiben, um die Augenbinde zu verschieben, damit er etwas von dem Haus sehen konnte, in dem er sich befand.

Als der Entführer das bemerkte, gab er dem Tiger eine schallende Ohrfeige. „Lass das ja bleiben!“, zischte er drohend. „Denk an die Uhr!“

Die Warnung wirkte. Patrick tat nur noch, was der Unbekannte von ihm verlangte.

Allerdings gelang es ihm trotzdem mitzuzählen, wie viele Stockwerke der Entführer ihn nach oben zerrte. Es waren drei. Danach traten sie durch eine quietschende Tür auf das Dach hinaus, wo ihnen ein warmer Wind entgegenwehte.

Das schwarze Zimmer befindet sich also im vorvorletzten Stock des Hauses, prägte sich Patrick ein. Diese Information konnte später vielleicht wichtig sein, wenn die Polizei versuchte, den Entführer zu finden.

Der Tiger bekam mit, dass er in den Albtraum-Helikopter verladen wurde, der Gangster jedoch nicht mit einstieg. Eine Klappe wurde geschlossen und das Triebwerk angelassen. Dann stieg der Hubschrauber auch schon senkrecht in die Luft.

Nach wenigen Minuten Flug setzte er aber bereits wieder auf. Die Luke im Boden öffnete sich zischend, und Patrick wurde von den Robotergreifarmen ziemlich unsanft ins Freie befördert. Gleich darauf startete der Helikopter wieder.

Als das Brummen der Rotoren in der Ferne verklang, wagte es der Tiger, sich von den nur locker verknoteten Fesseln und der Augenbinde zu befreien.

Er blinzelte und erkannte, dass er wieder auf einem Dach stand. Vor sich sah er die Rückseite von Neon-Leuchtbuchstaben, die aber nur zum Teil über die Dachkante aufragten. Er musste erstmal herausfinden, was da stand.

FRAGE AN DICH

Auf dem Dach von welchem Gebäude befindet sich Patrick?

TIGER-TEAM TIPP

Nimm auch den New-York-Stadtplan zu Hilfe!

PATRICK SAGT ZU VIEL

Nachdem Patrick herausgefunden hatte, auf welchem Gebäude er saß, machte er sich auf die Suche nach einer Treppe, die nach unten führte. Hinter einem Schornstein entdeckte er eine schwarze Metalltür zum Treppenhaus. Erleichtert stellte er fest, dass sie nicht abgeschlossen war. Bevor der Tiger hinunterging, setzte er sich vorsichtshalber die Sonnenbrille und die Baseballkappe auf. Er wollte nicht noch einmal mit diesem Barry Baxter verwechselt werden.

Es dauerte fast eine halbe Stunde, bis der Tiger aus dem riesigen Theater hinausgefunden hatte. Die Gänge und Treppen schienen ein einziger Irrgarten zu sein, und als er schließlich in den Zuschauerraum gelangte, blieb ihm vor Staunen der Mund offen stehen. In dieser Halle mussten mindestens fünftausend Menschen Platz haben.

Hinter ihm dröhnte plötzlich eine riesige alte elektrische Orgel los. Patrick fuhr der Schreck durch alle Glieder. Er beobachtete einen Mann, der wild in die Tasten haute und verbissen irgendeinen Marsch einstudierte.

Raus, bloß raus hier!, war Patricks einziger Gedanke, als er sah, dass er im falschen Theater war. Hier wurde nicht *Zorro junior* aufgeführt.

„He, junger Mann, das Theater ist geschlossen. Was machst du da?“, rief ihm ein Mann zu und wollte dem Tiger den Weg verstellen. Patrick konnte jetzt keinen Ärger gebrauchen und schlüpfte einfach unter den ausgebreiteten Armen des Mannes durch. Als er endlich auf der Straße stand, atmete er erleichtert auf und tauchte schnell in der Menschenmenge unter.

Kurz darauf erreichte er endlich das Domino Theatre. Irgendwie musste er dort hinein. Und schlimmer noch, er musste am

STAGE ENTRANCE

Abend auf der Bühne stehen, um diese Ivana Trotter kennenzulernen. Aber er hatte keine Ahnung vom Schauspielen. Was sollte er tun? Da fiel sein Blick wieder auf die Bombe an seinem Handgelenk, und sein Herz begann sofort zu rasen.

„Patrick … warte! Wir lassen dich rein!“, ertönte plötzlich eine vertraute Stimme. Zum ersten Mal seit Stunden konnte der Junge aufatmen. Biggi und Luk hatten in Barrys Garderobe am Fenster gestanden und ihn trotz der Sonnenbrille und der Kappe auf der Straße erkannt. Sie waren unglaublich erleichtert und froh, ihren Freund unverletzt wiederzusehen. Gespannt warteten sie darauf, was er zu berichten hatte.

Der bullige Türsteher hatte einen Anruf erhalten, in dem Barry ihm mitgeteilt hatte, dass Biggi und Luk seine Gäste waren und bevorzugt behandelt werden mussten. Deshalb war er nun zuckersüß zu ihnen und half

Patrick sogar, sich einen Weg durch die Menge der Fans zu bahnen.

In der Garderobe schüttelte der Tiger dann seinem Doppelgänger die Hand und ließ sich erschöpft auf das Sofa sinken.

„Ich … ich darf euch nichts verraten … sonst geht diese Bombe hoch“, stöhnte Patrick und zeigte den anderen die unheimliche Uhr. „Nur so viel … es geht nicht um Lösegeld. Aber ich muss heute nach der Vorstellung etwas machen. Eine Frau wird kommen und mir – also eigentlich dir, Barry – gratulieren. Sie heißt Ivana Trotter.“

Barry Baxter verdrehte die Augen. „Ivana Trotter! Diese Schreckschraube? Sie hat immer eine meterhohe Frisur und ist mit mindestens fünf Kilo Schmuck behängt. Angeblich sind die Klunker, die sie an einem Abend trägt, mehrere Millionen wert.“

„Was sollst du mit ihr machen?“, wollte Biggi unbedingt wissen.

Patrick hätte ihr nur zu gern die Wahrheit gesagt, aber er fürchtete, der Entführer könne ihn mit Hilfe der geheimnisvollen Uhr vielleicht sogar abhören. „Also … es ist so … ich

soll sie …“, begann er schließlich doch, wurde aber von einem langsamen, lauten Klopfen an der Tür unterbrochen.

Barry Baxter riss die Tür auf, und Patrick schrie erschrocken auf.

Draußen stand der Mann in dem goldenen Anzug. Er hielt einen Spazierstock in der Hand, dessen Griff die Form eines Totenkopfs hatte. Der Entführer stieß einen drohenden Schrei aus, und sofort schossen aus den Augenhöhlen des Totenschädels glühende Kugeln, die Patrick an den Armen und am Oberkörper trafen.

„Hilfe, ich brenne!“, brüllte der Tiger. Verzweifelt schlug er um sich und stürzte unter die Dusche, die sich neben der Garderobe befand. Tatsächlich hatten die Feuerbälle seinen Pulli angezündet. Kleine Flammen züngelten, und Rauch stieg auf.

Der Tiger drehte das Wasser auf, und zischend wurde der Brand gelöscht.

„Ist es schlimm? Sollen wir einen Arzt holen?“, fragten Biggi und Luk besorgt.

Patrick blickte an seinem Pullover hinunter, konnte aber keine Löcher, sondern nur schwarze Flecken entdecken. Er schlüpfte aus dem Pulli und stellte erleichtert fest, dass er keine Brandwunden hatte.

„Das war nur Theaterzauber. Das Zeug leuchtet grell, ist aber nicht wirklich heiß“, erklärte Barry.

„Wo ist er? Wo ist der Typ mit dem Goldanzug hin?“, wollte Patrick wissen, da der Mann nicht mehr vor der Garderobe stand. Er musste die Aufregung genutzt haben, um unbemerkt zu verschwinden.

„Er ist der Entführer! Er ist im Theater! Los, wir müssen ihn finden!“, rief Patrick.

Das Tiger-Team und Barry rannten los. Sie suchten die Gänge ab, rissen jede Garderobentür auf, doch der Mann blieb spurlos verschwunden. Überhaupt schien das Theater

FEATHER STRINGS
ROPE

wie ausgestorben zu sein. Schließlich erreichten sie den Fundus. Dort wurden alle Requisiten und Kostüme aufbewahrt.

Ein Mann mit auffallend starken Brillengläsern und eine ziemlich dicke Frau mit einem mächtigen Haarknoten waren gerade damit beschäftigt, Kostüme zu flicken und aufzubügeln.

„Kennen Sie ein Kostüm, das aus lauter Goldplättchen besteht? Dazu gehört eine Maske, die den ganzen Kopf bedeckt.“ Luk sah die beiden fragend an.

Der Mann überlegte und nickte. „Jaja, das haben wir in einer der letzten Shows gehabt. Es war ein großer Erfolg und hat dem Publikum besonders gut gefallen.“

„Wo ist es jetzt?“, wollte Biggi wissen.

Weder der Mann noch die Frau konnten das beantworten.

„Jemand läuft damit im Theater herum. Ist derjenige vielleicht vorhin hier vorbeigekommen?“, forschte Luk weiter.

Die Frau machte ein ratloses Gesicht und meinte gedehnt: „Keine Ahnung. Ich war im Keller, die Waschmaschine ausräumen.“

Auch der Mann hatte niemanden in dem Kostüm beobachtet.

Plötzlich stieß Patrick seine Tiger-Freunde an und flüsterte: „He, seht euch das an. Was sagt ihr dazu?“

Was hat Patrick entdeckt? Lege den Decoder an.

STURZ IN DIE TIEFE

„Was … was machen wir denn jetzt?", fragte Luk leise.

Biggi marschierte geradewegs zu dem Regal, in dem jemand das Goldkostüm versteckt hatte. Mit einem schnellen Griff zog sie es heraus und hielt es dem Mann und der Frau unter die Nase.

„Falls Sie es suchen, es war hier. Jemand muss es in großer Eile in das Fach gestopft haben. Aber den Augen des Tiger-Teams entgeht nichts!"

Der Mann und die Frau zuckten zurück und starrten das glitzernde Kostüm entgeistert an.

„Wie … wie kommt das dorthin?", fragte die Frau schließlich und schüttelte fassungslos den Kopf.

„Ich habe keine Erklärung dafür", meinte der Mann.

Plötzlich kam Patrick ein schrecklicher Gedanke. Vielleicht war einer der beiden der Entführer und würde sich nun an ihm rächen, indem er ihm am Abend einfach nicht verriet, wie man die Bombe entschärfte. Den Tiger verließ aller Mut, und er gab seinen Freunden ein Zeichen zum Rückzug.

„Bitte ... ihr ... wir ... wir müssen vorsichtiger sein!", flehte er, als sie den Lagerraum verließen, und deutete auf die Uhr an seinem Handgelenk.

Biggi suchte das schwere Metallgehäuse von allen Seiten nach einer Möglichkeit ab, es abzunehmen. Doch nirgends war ein Verschluss zu sehen. Das Tiger-Team und Barry verließen den Fundus und marschierten nachdenklich durch das Theater.

„Was machen wir jetzt bloß?", fragte Luk.

„Auf jeden Fall muss alles so laufen, wie es der Entführer verlangt hat!", meinte Biggi. „Er hat bewiesen, dass er seine Augen und

Ohren überall hat und keinen Spaß versteht. Patrick darf nichts passieren."

„Ich habe eine Idee", sagte Barry. „Ich werde die Vorstellung spielen. Danach ziehe ich mich aber blitzschnell um und gebe Patrick mein Kostüm. Er schlüpft hinein und wartet in der Garderobe auf diese Ivana Trotter. Na ja, und dann muss er eben machen, was dieser Entführer von ihm verlangt. Ich hoffe nur, dass der Kerl ihn danach auch wirklich von diesem Wahnsinnsding an seinem Handgelenk befreit."

Biggi und Luk seufzten. Gab es denn wirklich keinen Weg, ihrem Freund zu helfen? Sollten sie nicht doch die Polizei einschalten? Falls dieser Mann oder die Frau aus dem Fundus die Entführer waren, musste man sie doch irgendwie zwingen können, Patrick von der Bombe zu befreien.

Ohne es zu bemerken, war das Tiger-Team auf der Bühne angelangt. Mittlerweile stan-

den die Kulissen für die Abendvorstellung schon an ihren Plätzen, doch statt der Scheinwerfer brannten nur einige Neonröhren.

„Wir müssen Patrick unbedingt auf andere Gedanken bringen“, raunte Biggi Luk und Barry zu. „Wenn wir hier herumhängen und verzweifeln, wird seine Lage auch nicht besser, oder?“

Die beiden Jungen nickten zustimmend. Biggi hatte völlig recht.

Um Patrick ein wenig abzulenken, zeigte Barry, was er während der Vorstellung alles zu tun hatte. Er musste sich an einem Seil über Häuser schwingen, und einmal ritt er sogar auf einem echten Pferd auf die Bühne. Das Tier hatte seinen Stall hinter dem Theater und war lange für diesen Auftritt trainiert worden.

Biggi, die eine Schwäche für Pferde hatte, wollte unbedingt einen Blick in den Stall werfen. Gerade als die vier die Bühne verlassen wollten, flammten plötzlich sämtliche Scheinwerfer auf. Geblendet schlossen die Tiger die Augen.

„Hallo … wer ist da?“, rief Barry. Doch er bekam keine Antwort.

„He, was soll das? Wir sehen nichts, das Licht ist zu grell!“, beschwerte sich Barry, aber wieder ohne Erfolg.

„Los, wir verschwinden besser“, sagte er zu den Tigern und zog die drei zur Seite.

Doch kaum hatten sie ein paar Schritte gemacht, da traten sie plötzlich ins Leere. Der Boden unter ihren Füßen hatte sich lautlos geöffnet. Mit einem lang gezogenen Schrei stürzten sie in die Tiefe.

Gleich darauf landeten sie auf einer dicken, weichen Matte.

„Verschwindet, ihr Schnüffler!“, donnerte über ihnen eine tiefe, drohende Stimme. „Das ist die letzte Warnung. Beim nächsten Mal werdet ihr nicht mehr so sanft landen.“

„Der Kerl hat einfach die Versenkung aufgemacht!“, keuchte Barry. „Das ist eine Art Falltür in der Bühne. Sie ist wichtig in dem

Musical und kann per Knopfdruck geöffnet werden."

„Wo ist dieser Knopf?", flüsterte Biggi. „Zeig ihn uns. Vielleicht finden wir den Entführer dort."

„Oder wenigstens eine Spur zu ihm", fügte Patrick hoffnungsvoll hinzu.

Der Raum unter der Bühne war riesig. Es gab dort jede Menge Eisenstangen, Aufzüge und Podeste, auf denen Schauspieler und Kulissen in die Höhe oder nach unten befördert werden konnten.

Über eine Wendeltreppe gelangten die vier wieder nach oben, und Barry führte sie durch die Zuschauerreihen nach hinten zu einem großen Raum, der genau gegenüber der Bühne lag. Durch ein großes Fenster konnten die Licht- und Tontechniker sehen, was sich vorn auf der Bühne gerade abspielte.

Über riesige und sehr verwirrend wirkende Steuerpulte mit vielen Schaltern betätigten sie die Scheinwerfer, Mikrofone, Seilzüge und Lifte.

Als die Tiger durch einen Türspalt spähten, sahen sie, dass in dem Raum Licht brannte. Doch es war niemand zu sehen. Wer auch immer die Scheinwerfer eingeschaltet und die Klappe der Versenkung geöffnet hatte, war schnell wieder verschwunden.

Luk bückte sich und hob etwas vom Boden auf. Er zeigte es seinen Freunden und sagte: „He … was sagt ihr dazu? Ich glaube, das hat Mister Unbekannt gerade verloren!“

Biggi verdrückte vor lauter Aufregung erstmal einen ganzen Haselnussriegel, denn mit einem Schlag war ihr klar, wer hinter der ganzen Sache steckte.

FRAGE AN DICH

Wen verdächtigt Biggi?

WAS JETZT?

Ratlos standen die Tiger da und überlegten, was sie tun sollten. Sie hatten jetzt einen Beweis dafür, wer sie soeben bedroht hatte. Wahrscheinlich war der Mann aus dem Fundus auch der Mann im Goldkostüm, der vor Barrys Garderobe erschienen war. Und er könnte ebenfalls der Typ gewesen sein, der Patrick in dem schwarzen Zimmer den seltsamen Auftrag erteilt hatte.

Aber sollten sie es wirklich riskieren, den Mann zu entlarven? War die Gefahr nicht viel zu groß? Immerhin konnte er seine Drohung mit der Bombe wahr machen.

„Kommt! Wir suchen den Kerl jetzt", sagte Biggi. „Und falls wir ihn finden, entscheiden wir alles Weitere."

Mit diesem Vorschlag waren die anderen Tiger einverstanden. Barry Baxter bewunderte das mutige Team sehr. Gleichzeitig beneidete er seinen Doppelgänger ein wenig um Biggi und Luk, denn er selbst verbrachte die meiste Zeit im Theater und hatte kaum Freunde.

„Ich wäre längst total durchgedreht und würde heulend in der Ecke sitzen“, gestand der junge Star.

„Das hilft aber auch nichts“, meinte Biggi trocken.

Mittlerweile waren sie vor dem Fundus angekommen. Die Tür war nur angelehnt, und drinnen telefonierte jemand. Es war der Mann, den sie suchten. Er sprach sehr leise und hastig.

Luk holte einen kleinen Spiegel aus seiner Spezialtasche und reichte ihn Patrick. „Damit kannst du um die Ecke spähen, ohne die Tür weiter aufzumachen. Sieh dir den Kerl mal genau an“, riet er.

Patrick streckte den Spiegel durch den Türspalt und drehte ihn so lange, bis er den Mann sehen konnte.

Nachdem er aufgelegt hatte, wischte er sich den Schweiß von der Stirn und seufzte tief.

„Und? Was ist?“, wollte Biggi wissen.

„Das ist nicht der Typ, der mit mir in dem schwarzen Zimmer geredet hat. Ich glaube, in Wirklichkeit wird er auch erpresst!“

FRAGE AN DICH

Warum vermutet Patrick, dass dieser Mann ebenfalls erpresst wird? Lege den Decoder an.

DIE ALBTRAUM-VORSTELLUNG BEGINNT

Das Tiger-Team beschloss, den Mann zu überrumpeln. Sie stürmten in den Raum und umringten ihn.

„Für wen arbeiten Sie?“, rief Patrick.

Der Theatermitarbeiter starrte die Tiger erschrocken an und stammelte: „Ich ... ich weiß es nicht ... aber ... vor zwei Tagen ... da bin ich entführt worden ... von einem Helikopter ...“

„Genau wie ich!“, stieß Patrick hervor.

„Ich ... ich war in einem schwarzen Zimmer und bewusstlos. Und jemand hat mir dieses Ding angelegt.“ Er deutete auf die Uhr an seinem Handgelenk. „Wenn ich nicht alles tue, was man von mir verlangt, geht eine Bombe hoch, stand auf einem Zettel. Ich musste das Goldkostüm aus dem Fundus holen und in einer Mülltonne vor dem Theater verstecken. Der Unbekannte hat es dort abgeholt und vor einer Stunde zurückgebracht. Es lag ein weiterer Drohbrief dabei, dass ich Barry überwachen solle. Falls er zu viel redet, muss ich ihm einen Denkzettel verpassen. Wenn ich das nicht tue …"

Den Rest konnte Luk sich gut vorstellen und meinte: „Sie haben sich schnell das Kostüm übergestreift und diesen Feuerzauber geholt. Und als das alles noch nichts genützt hat, haben Sie uns auch noch in die Versenkung stürzen lassen."

Der Mann nickte.

Patrick atmete erleichtert auf. Der echte Entführer war also gar nicht in der Lage, ihn zu sehen oder abzuhören. Jetzt konnte er seinen Freunden wenigstens erzählen, was der Unbekannte von ihm verlangte.

„Und Sie wissen wirklich nicht, wer hinter der ganzen Sache stecken könnte?“, wollte Biggi wissen.

Der Mann schüttelte heftig den Kopf. „Wir müssen tun, was verlangt wird, sonst ... sonst kostet es uns das Leben“, sagte er weinerlich.

Die Tiger sahen einander betreten an. Es blieb ihnen tatsächlich nichts anderes übrig, als die Anordnungen des Entführers zu befolgen.

„Aber ... aber wieso gibt es eigentlich plötzlich zwei Barrys?“, fragte der Mann verwundert. Er sah immer abwechselnd zu Barry und Patrick.

„Er ist mein Zwillingsbruder aus Europa“, meinte Barry lässig und ließ den Mann nun völlig verwirrt zurück.

Gegen Abend trafen langsam die anderen Schauspieler, Sänger und Tänzer im Theater ein, um sich auf die heutige Vorstellung vorzubereiten.

Das Tiger-Team saß mit Barry in dessen Garderobe, und gemeinsam besprachen sie noch einmal alles ganz genau. Es durfte absolut nichts schiefgehen. Patrick musste es gelingen, diese Ivana Trotter zu überreden, mit ihm aufs Dach zu kommen. Er musste seine Rolle überzeugend spielen, denn sie durfte auf keinen Fall bemerken, dass er nicht Barry Baxter war.

Immer wieder machte Barry dem Tiger einen lustigen Akzent vor. „Wenn du so redest, wird sie dich für witzig halten und nicht bemerken, dass du gar kein Amerikaner bist.“

Patrick gab sich alle Mühe, schließlich stand viel auf dem Spiel.

Seine Freunde überlegten fieberhaft, wie sie ihm helfen konnten, doch es fiel ihnen nichts ein. Patrick würde völlig auf sich allein gestellt sein.

Eine halbe Stunde vor Vorstellungsbeginn begann Barry, sich zu schminken. „Sonst sehe ich im grellen Scheinwerferlicht wie eine Wasserleiche aus“, erklärte er den Tigern.

Biggi beobachtete ihn dabei genau im Spiegel.

„Halt, Moment mal … Patrick und Barry sehen nicht völlig gleich aus“, fiel ihr plötzlich auf. „Das müssen wir schnell ändern.“

DIE GEFAHR IST NICHT VORBEI

Zunächst lief alles wie geplant. Nach der Vorstellung schlüpfte Patrick schnell in Barrys Kostüm und setzte Hut und Maske auf. Es kostete ihn viel Mühe, seine Nervosität zu unterdrücken.

„Es wird schon alles klappen“, raunten ihm Biggi, Luk und Barry zu, die sich hinter dem Sofa versteckt hatten.

„Hallo Barry, du hast hohen Besuch!“, rief eine Stimme vor der Garderobe. Es war Sam Silver, der Direktor. Dann öffnete er die Tür und betrat mit einer großen und ziemlich aufgedonnerten Frau den Raum. Barry hatte nicht übertrieben: Ihr Haar war zu einem Gebirge aufgetürmt, und um ihren Hals und an den Ohren hingen die größten Edelsteine, die das Tiger-Team je gesehen hatte.

Kaum war Ivana Trotter in der Garderobe, stellten sich auf dem Gang zwei Leibwächter mit grimmigen Gesichtern vor die Tür. Sie sahen aus wie Ringkämpfer, die sich in dunkle Anzüge gezwängt hatten.

„Du warst wundervoll, kleiner Darling! Dieser 4. Juli wird mir mein Leben lang unvergesslich bleiben!“, zwitscherte Ivana Trotter und hauchte einen Kuss auf Patricks Wange. Eine Wolke von schwerem Parfüm erstickte den Tiger fast.

Er schwitzte vor Aufregung am ganzen Körper. Wie sollte er die Frau nur dazu bewegen, mit ihm auf das Dach des Theaters zu kommen?

„Ich will deine gute Fee sein und dir einen Wunsch erfüllen!“, verkündete die Frau. „Was hättest du gern? Du kannst alles haben!“

„Ich möchte, dass Sie mit mirrrrrr auf

die Dache hinaufsteigen!", rief Patrick wie der echte Zorro junior und küsste ihr dabei auch noch die Hand. Er spielte seine Rolle großartig. „Ich möchte mit eine so wunderrrrschöne Frau den Mond ansehen!"

Ivana Trotter kicherte und fand die Idee großartig. Doch ihre Leibwächter hoben abwehrend die Hände. Das konnten sie nicht zulassen.

Patrick bekam erneut einen Schweißausbruch. Mist, es lief schief.

„Aber er ist so ein süßer Junge. Ich werde es trotzdem tun!", widersprach Ivana und stampfte mit dem Fuß auf. Sie ergriff Patricks Hand und hauchte: „Führe mich zum Mond, du edler Zorro!"

Patrick hatte sich am Nachmittag den Weg genau angesehen. Er ging voran, und die Frau im langen Abendkleid folgte ihm. Aber auch die beiden Leibwächter stapften wütend hinter ihnen her.

„Mein Dame, wenn ich Sie jetzt küsse, darrrrf uns aberrrr niemand sehen“, flüsterte Patrick.

Wieder kicherte Ivana und gab den Leibwächtern ein Zeichen, zurückzubleiben. Die beiden taten es nur widerwillig.

Das Theater war nicht sehr hoch, und schnell hatten sie das Dach erreicht. Kühle Nachtluft wehte ihnen entgegen, als sie ins Freie traten.

„Und jetzt?“, fragte Ivana und schaute Patrick erwartungsvoll an.

Verdammt! Was sollte er tun? Er musste Ivana doch nicht wirklich küssen, oder?

Ihre knallrot geschminkten Lippen kamen seinem Gesicht immer näher. Patrick erstickte fast an ihrem Parfüm. Entsetzt wich er zurück, stolperte und fiel. Zum Glück stürzte er nicht vom Dach, sondern landete zwischen zwei Schornsteinen.

Da ertönte über ihren Köpfen das Dröhnen des Albtraum-Helikopters. Gleich darauf kam er im Sturzflug herabgeschossen, und in Sekundenschnelle verschluckte er die Multimillionärin auf dieselbe Art, wie auch Patrick entführt worden war.

Im nächsten Augenblick brach rund um den Tiger ein Höllenspektakel los. Es krachte, es knallte, es blitzte, und der Himmel wurde von roten, grünen, blauen, gelben und rosafarbenen Lichtern erleuchtet.

Der Entführer hatte wirklich an alles gedacht. Mit dem Feuerwerk sollte nun auch jede Verfolgung unmöglich gemacht werden. Aber wie hatte das der Entführer nur geschafft?

Oder hatte es gar nichts mit der Entführung zu tun?

WIR MÜSSEN IHN FINDEN!

Der Rest des Tiger-Teams kam auf das Dach gestürzt, gefolgt von den Leibwächtern, Sam Silver und Barry Baxter.

Als die Männer sahen, dass Ivana Trotter verschwunden war, zogen sie ihre Funkgeräte heraus und brüllten unverständliches Zeug hinein. Dann zerrten sie Patrick vom Boden hoch und brüllten ihn an.

„He, hören Sie auf damit! Er kann nichts dafür! Er ist erpresst worden!“, verteidigte Biggi ihren Freund. Dann wandte sie sich an Patrick. „Und weißt du jetzt, wie du die Bombe entschärfen kannst?“

„Nein“, erwiderte der Tiger verzweifelt. Der Entführer hatte es nicht verraten.

Über ihren Köpfen dröhnte es erneut, und ein weißer Helikopter senkte sich herab. In goldenen Buchstaben stand Ivanas Name darauf. Die Leibwächter hatten den Hubschrauber gerufen, wussten jetzt aber selbst nicht, was sie damit anfangen sollten.

„Los, kommt!“, rief Biggi und zerrte die Jungen hinter sich her. Geduckt hasteten sie unter dem drehenden Rotor zum Helikopter und stiegen ein. Der Pilot starrte sie verwundert an.

„Bitte, fliegen Sie los! Wir müssen dem Entführer auf die Spur kommen. Es geht um das Leben von unserem Freund Patrick … und wahrscheinlich auch um das von Mrs Trotter!", rief Biggi.

Der Pilot schaute sie ungläubig an.

„Sie ist in einem schwarzen Helikopter entführt worden. In einem kleinen schwarzen Albtraum-Helikopter!", schrie Patrick.

Der Pilot begann hastig zu funken. Wahrscheinlich fragte er seine Kollegen, die gerade in der Luft unterwegs waren, ob sie so einen Hubschrauber beobachtet hatten. Die Rückmeldungen schienen positiv zu sein. Der Pilot nickte, und im nächsten Moment zog er den Helikopter auch schon in die Luft.

„Wir müssen den Kerl finden, damit er dich von der Bombe befreit!", rief Biggi Patrick, der nur noch ein Häuflein Elend war, über das Dröhnen der Rotoren hinweg zu.

Der weiße Trotter-Helikopter sauste über die Wolkenkratzer von New York, bis unter ihnen Wasser auftauchte und die Tiger die Umrisse einer kleinen Insel erkannten.

„Wo sind wir?“, wollte Biggi wissen.

Patrick zog den kleinen New Yorker Stadtplan aus seiner Hosentasche und stellte gleich darauf fest, dass sie sich immer noch über dem Stadtteil Manhattan befanden, der auf einer Insel zwischen zwei Flüssen lag. Aber waren sie am nördlichen oder am südlichen Ende?

FRAGE AN DICH

Wo befindet sich das Tiger-Team?

TIGER-TEAM TIPP

Halte nach Sehenswürdigkeiten Ausschau. Schau auch auf den Stadtplan.

PATRICK ERINNERT SICH

„Hier ist der schwarze Helikopter gesehen worden!“, meldete der Pilot. „Aber gerade habe ich einen Funkspruch von einem Kollegen erhalten, dass der Helikopter wieder abgedreht und nach Norden geflogen ist.“

Patrick drehte die kleine Karte hin und her, plötzlich richtete er sich kerzengerade auf. Er hatte entdeckt, wonach er gesucht hatte.

„Vom Fenster aus habe ich dieses Gebäude gesehen“, rief er aufgeregt. „Das Chrysler-Hochhaus! Es liegt Richtung Norden. Vielleicht wird auch Ivana Trotter in das schwarze Zimmer gebracht!“

Luk fragte Patrick noch ein paar Dinge und fasste dann zusammen: „Passt auf … Patrick hat gesagt, das Haus mit dem schwarzen Zimmer war fast so hoch wie der Chrysler-Wolkenkratzer und ziemlich nah an ihm dran. Wir wissen außerdem, dass sich das schwarze Zimmer im vorvorletzten Stockwerk befindet.“

Er bat den Piloten, um das Chrysler-Gebäude zu kreisen, damit sie nach verdächtigen Häusern Ausschau halten konnten.

Außerdem holte der Tiger einen Fotoapparat aus seiner Spezialtasche, auf den er ein Teleobjektiv schraubte. Die Kamera funktionierte jetzt ähnlich wie ein Fernrohr, und er

konnte damit die Fenster in den vorvorletzten Stockwerken genauer betrachten. Außerdem drückte er noch ständig auf den Auslöser, um zur Sicherheit alles festzuhalten.

Viermal war der weiße Helikopter bereits gekreist, als Patrick plötzlich rief: „Ich weiß jetzt, in welchem Haus das schwarze Zimmer ist. Ich weiß es!“

Auf welchem Bild ist das verdächtige Fenster?

RETTUNG FÜR IVANA

Der weiße Helikopter konnte auf dem Dach des Wolkenkratzers landen. Der schwarze Helikopter aber war nirgends zu sehen.

Da entdeckte Patrick etwas, das ihn zutiefst erschreckte. Die Zeiger der explosiven Uhr, die sich noch immer in die falsche Richtung drehten, näherten sich zwölf Uhr. Vielleicht würde die Bombe dann explodieren.

„Los, drei Stockwerke runter!", kommandierte Biggi. Der Pilot, ein junger Kerl mit freundlichem Gesicht und Bürstenhaarschnitt, wich nicht von der Seite der Tiger. „Ihr seid zwar unglaublich mutig, aber trotzdem könnt ihr Schutz gebrauchen!", meinte er. Wie in einem Actionfilm trat er die Tür zum Treppenhaus mit dem Fuß auf. Als sie gegen die Wand knallte, warf er sich aber sofort auf den Boden und schützte seinen Kopf mit den Händen.

„Der hat ja mehr Angst als wir alle drei zusammen“, grinste Biggi und stürmte los.

Als sie das richtige Stockwerk erreichten, blickten sie sich suchend um. Hinter welcher

der insgesamt sieben Wohnungstüren befand sich das schwarze Zimmer?

„Mrs Trotter? Hallo? Sind Sie da?“, riefen die Tiger, doch niemand antwortete.

„Entweder ist sie wirklich nicht hier, oder sie ist bewusstlos“, meine Luk.

„Wir müssen dieses Zimmer finden!“, rief Biggi ungeduldig und klingelte einfach an jeder Tür, aber nirgendwo wurde geöffnet.

„Seht euch das an!“ Luk zeigte auf eine Tür, die von allein aufgeschwungen war. Dahinter lag eine winzige Wohnung, in der sich eine komplizierte Funkanlage befand. Dem Tiger reichte ein Blick, dann erklärte er: „Leute, das ist die Anlage, mit der dieser Helikopter gesteuert worden ist. Und da ist sogar die Videokamera, über die der Entführer mit uns geredet hat. Ich wette, das ist alles aus einem Militärlager geklaut. Nur dort sind solche Hubschrauber im Einsatz.“

„Aber das hilft uns trotzdem nicht weiter“, stellte Biggi fest. „Das schwarze Zimmer haben wir immer noch nicht gefunden.“

Patrick beobachtete voller Sorge die Anzeige seiner Uhr.

„Das … das gibt es doch nicht!“, keuchte Luk plötzlich. Er hatte auf der Funkanlage eine Schachtel entdeckt und fuchtelte damit in der Luft herum. „Patrick, du kannst dich abregen. Die Uhr ist keine Bombe, sondern ein Scherzartikel. Sie war in dieser Schachtel, und auf der steht: Die Uhr, die man nicht abnehmen kann!“

Patrick fiel ein Stein von der Größe der Freiheitsstatue vom Herzen. Und durch die große Erleichterung konnte er sich plötzlich auch wieder an etwas ganz Wichtiges erinnern. Er stürzte hinaus auf den Gang und rief: „Jetzt weiß ich, wo das schwarze Zimmer ist!“

FRAGE AN DICH

Hinter welcher Tür liegt es?

DER ENTFÜHRER WIRD ENTLARVT

Der Helikopterpilot rief über Funk die Polizei. Bereits wenige Minuten später trafen die Beamten ein und brachen die mehrfach gesicherte Tür auf.

Sie fanden Ivana Trotter tatsächlich bewusstlos auf der Matratze. Bei ihrem Mann war bereits eine Lösegeldforderung über fünfzig Millionen Dollar eingegangen.

Das Tiger-Team hatte wirklich ganze Arbeit geleistet.

Aber von dem Entführer fehlte weiterhin jede Spur. Nur der Albtraum-Helikopter wurde im Hudson gefunden, wo ihn der Gangster versenkt hatte.

Als er dann bemerkte, dass jemand auf dem Dach landete, war er rasch geflüchtet.

TIGER-TEAM

Am Tag darauf gab die Multimillionärin eine große Party für das Tiger-Team und Barry Baxter. Sie bedankte sich immer wieder bei Biggi, Luk und Patrick und überhäufte sie mit tollen Geschenken. Sie wollte auch alle gern küssen, das aber wussten die Tiger und Barry zu verhindern. Sie verzogen sich ganz schnell und holten sich lieber noch eine vierte Portion Eis.

„Schade, dass ihr schon so bald wieder nach Europa fliegt", meinte Barry traurig. „Aber wenn ich irgendwann mit *Zorro junior* aufhöre, komme ich euch auf jeden Fall besuchen."

Plötzlich fiel Patrick der Eislöffel aus der Hand.

„He, was ist? Bist du schon satt?", fragte Biggi. Erst jetzt bemerkte sie, dass ihr Freund gebannt auf die Gäste starrte.

„Was ist?", wollte nun auch Luk wissen und folgte Patricks Blick.

„Dort steht der Typ, der mich entführt hat!“, keuchte der Junge.

Biggi und Luk sahen sich ratlos an. Sie konnten nichts Verdächtiges entdecken.

Woran erkennt Patrick seinen Entführer? Lege den Decoder an.

TIGER-TEAM TIPP

Sieh dir den Entführer auf Seite 65 und 70 noch einmal genau an.

WIEDER EIN FALL GELÖST

Die Tiger berichteten heimlich Ivana von ihrer Entdeckung, die sofort die Polizei rief. Der Mann wurde verhaftet.

Kurz bevor sie abreisten, trafen Biggi, Luk und Patrick noch einmal Barry, der ihnen berichten konnte, wer der Entführer war.

„Er heißt Iggy Nastman, und ihm gehören am Broadway drei Theater. Seit `Zorro junior` so ein Erfolg ist, sind seine Häuser immer halb leer. Außerdem bringt er keine guten Stücke raus. Da er kurz vor dem Bankrott steht, hat er Ivana Trotter entführt. Mit dem Goldkostüm wollte er nur den Verdacht auf Sam Silver und das Domino Theatre lenken, um uns zu schaden."

„Na, das ist ihm aber nicht geglückt", meinte Luk.

„Ja, dank euch!", lobte Barry die Freunde grinsend.

WARDROBE

Die Geschichte rund um die Entführung war in allen Zeitungen gewesen, und seither rissen sich die Leute noch mehr um Eintrittskarten für *Zorro junior*.

„Du, Patrick, ich habe eine Bitte“, begann Barry zögernd.

„Soll ich dich vielleicht auch auf der Bühne vertreten?“, fragte der Tiger lässig.

„Nein, aber heute nach der Vorstellung will mich ein Mädchen unbedingt sehen. Ich habe leider keine Zeit. Könntest du das nicht für mich übernehmen?“

„Klar!“, meinte Patrick.

„Gut, sie wartet vor dem Theater und heißt Sara Simpel.“ Barry zwinkerte Luk und Biggi verschwörerisch zu.

Als die beiden an das Foto dachten, das sie von Sara Simpel gesehen hatten, brachen sie in schallendes Gelächter aus.

„Was habt ihr denn?“, fragte Patrick.

„Nichts, gar nichts!“, prusteten die beiden.

Als sie sich von Barry verabschiedet hatten und das Theater verließen, sangen sie zufrieden vor sich hin:

Wir sind Tiger,
wir sind toll,
lösen jeden Fall,
jawolll!

Das Lachen sollte ihnen allerdings schon bald vergehen, denn der nächste Fall führt sie in eine verschneite Bergwelt, wo ein unheimliches Ungeheuer sie in Atem hält.

DER ALBTRAUM-HELIKOPTER
N
FALLKARTE
S
DAS 4. TIGER-TEAM-MITGLIED
(DEIN NAME)
LÖSTE DIESEN FALL ...
SEHR GUT
SPITZE!
MITTEL
GUT
SCHWACH

TIGER-TEAM
Tipps &
Training

Dieses Abenteuer führte dich und das Tiger-Team nach

New York City – die größte Stadt der USA

Die USA sind ein Einwanderungsland. Die Vorfahren der meisten Amerikaner kamen irgendwann mit dem Schiff aus der ganzen Welt.
Viele von ihnen landeten damals auf Liberty Island, einer kleinen Insel, die direkt vor New York liegt und auf der heute die Statue of Liberty – die Freiheitsstatue – steht.

New York in aller Kürze:
Einwohnerzahl: ca. 8,2 Millionen Menschen

New York City besteht aus fünf großen Einzelbezirken: Manhattan, Bronx, Brooklyn, Queens und Staten Island.

Wusstest du, dass die Straßen in New York ganz gerade sind und der Stadtplan aussieht wie eine Seite aus deinem Matheheft? Deshalb haben die Straßen auch keine Namen, sondern Nummern und sind in Blöcke unterteilt. Nur der berühmte Broadway, an dem viele Theater liegen, zieht sich schräg durch die Stadt.

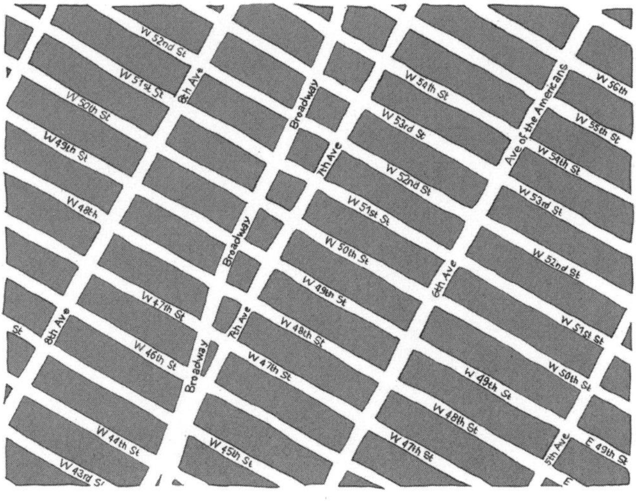

New York hat außerdem mitten in der Stadt einen der größten Parks der Welt: den Central Park. Der bedeckt eine Fläche von fast 500 Fußballfeldern!

Do you speak English?

Mit Englisch kommt man fast auf der ganzen Welt weiter, ganz besonders gut in Großbritannien, Australien, Neuseeland oder Nordamerika. Ohne ihre Englischkenntnisse wären die Tiger in New York City ganz schon aufgeschmissen gewesen. Wie steht es mit dir, konntest du den Drohbrief lesen?

Was stand in dem Drohbrief?

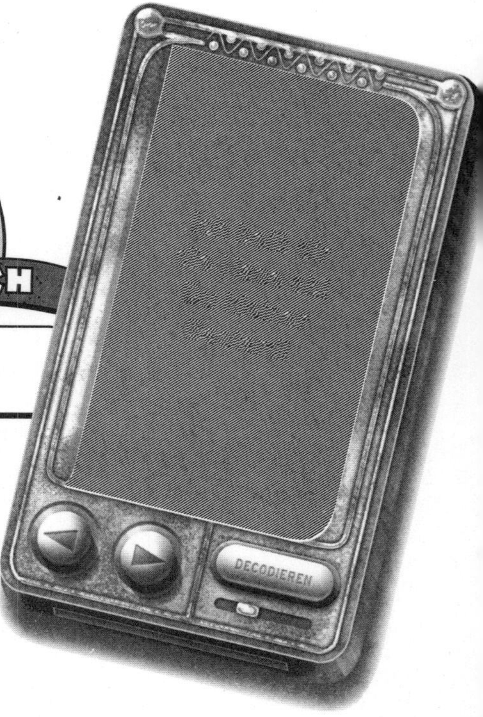

Dein kleines Wörterbuch – English Dictionary

Hallo/Guten Tag! Wie geht's?	Hello! How are you?
Mein Name ist Birgit Borge.	My name is Birgit Borge.
Ich komme aus Deutschland.	I'm from Germany.
Schön, dich kennenzulernen.	Nice to meet you.
Entschuldigung, können Sie mir bitte helfen?	Excuse me, can you help me, please?
Ich suche meine Freunde.	I'm looking for my friends.
Ich muss mein Hotel finden.	I have to find my hotel.
Wie komme ich zur Freiheitsstatue?	How do I get to the Statue of Liberty?
Eine Cola, bitte.	A coke, please.
Was kostet das?	How much is it?
Vielen Dank!	Thank you!
Bitte, gern geschehen	You're welcome!
Tschüss! Wir sehen uns!	Good-bye! See you!

Verschiedene Sprachen – verschiedene Schriften

Es gibt viele verschiedene Schriften auf der Welt, die auch ganz verschieden aussehen.

Das hier ist Kyrillisch (Russisch):

чтобы каждый →

Die Zeichen haben Ähnlichkeit mit unseren Buchstaben, nicht wahr?

Das hier ist Japanisch: 雨 ↓

Dieses Zeichen steht für Regen. Sieht doch ein bisschen so aus, als würde man durch ein Fenster in den Regen schauen, oder?

Es gibt auch Sprachen, die liest man nicht von links nach rechts, sondern von rechts nach links, zum Beispiel **Arabisch:**

لِأَنَّهُ هٰكَذَا أَحَبَّ ٱللّٰهُ ←

Und das hier ist Chinesisch. Das liest man nicht nur von rechts nach links, sondern dazu noch von oben nach unten:

世、甚至予 ↓

Einige Buchstaben sehen aus, als wären sie aus einem Mathebuch.
Das sind griechische Buchstaben:

οὕτως γὰρ ἠγάπησεν →

Hier noch ein paar **Schriftbeispiele** aus der ganzen Welt. Die Pfeile zeigen dir die richtige Leserichtung.

Armenisch	ամէն որ հաւատայ	→
Äthiopisch	፡ እንደ ፡ እንዳይጠ	→
Bengalisch	একজাত বেটাকে	→
Birmanisch	ဤလောကသားတို့	→
Dewangari (Indien)	सर्व्वमनुष्यो यथा न	→
Hebräisch	הָאֱלֹהִים אֶת־הָעוֹלָם	←
Kambodschanisch	មិនត្រូវវិនាសឡើយ	→
Koptisch	ⲛ̀ⲧⲉϥⲧⲏⲓϥ ϩⲓⲛⲁ	→
Thailändisch	จนได้ ประทาน พระบุตร์	→

Unsichtbare Nachrichten

Du findest einen weißen, scheinbar leeren Zettel im Briefkasten oder in deiner Jackentasche. Achtung! Wirf ihn nicht gleich weg! Vielleicht handelt es sich um eine unsichtbare Nachricht. Aber wie findet man das heraus?

1. Halte den Zettel gegen das Licht, vielleicht siehst du ein Wasserzeichen?

2. Halte den Zettel eine Weile (mit beiden Seiten!) unter eine Lampe oder in die Sonne. Geh dann damit in einen richtig dunklen Raum! Vielleicht leuchtet dir dort die Nachricht entgegen?

3. Lege den Zettel in den Backofen, den du auf geringe Wärme drehst. Achtung: den Zettel nie aus den Augen lassen, und wenn er sich bräunlich färbt, sofort aus dem Ofen nehmen! War die Nachricht zum Beispiel mit Apfel- oder Zitronensaft geschrieben, wird sich die Schrift schneller braun färben als das Papier.

4. Nimm einen weichen Bleistift und schraffiere ganz sanft die scheinbar leere Fläche. Vielleicht zeichnet sich unter dem Grau des Bleistifts eine Botschaft ab?

Vielleicht ist es aber auch nur einfach ein leerer Zettel …

Und hier noch ein bisschen Training:

Gefälscht oder nicht?

Biggis Nachbarin ist außer sich. Sie hat einen bitterbösen Brief ihres Bruders bekommen, in dem er sie wüst beschimpft.

Aber ihr Bruder schwört Stein und Bein, den Brief nicht geschrieben zu haben. Jemand muss seine Unterschrift gefälscht haben.

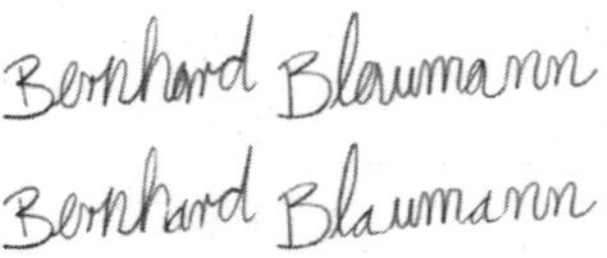

Was sagst du dazu?

Liebesbrief-Terror

Luk hat wirklich nichts gegen Liebesbriefe. Warum auch? Aber ein Mädchen aus seiner Schule geht dann doch zu weit. Sie ist total in ihn verknallt und schickt ihm jeden Tag mindestens einen Liebesbrief. Die Briefe sind nie unterschrieben, stattdessen immer mit demselben Lippenstift-Kussmund verziert.

Als auch seine Hefte auf diese Weise geschmückt werden, ist Luk das doch zu peinlich! Er schlendert durch die Schule und entdeckt schnell einige Verdächtige. Schließlich weiß er, mit welchem Mädchen er ein ernstes Wort reden wird. Vielleicht wird er aber auch ein Eis mit ihr essen gehen …

FRAGE AN DICH

Wer ist die heimliche Verehrerin?

Das Ufo-Foto

Der UFO-Forscher Richard Grüngesicht platzt vor Stolz. Seit Jahren versucht er, andere Wissenschaftler und die Öffentlichkeit davon zu überzeugen, dass es außerirdische Besucher auf der Erde gibt. Bisher brachte ihm das nur den Hohn und Spott seiner Kollegen ein, doch jetzt hat er einen Beweis! Er lädt das Tiger-Team zu sich ein und zeigt ihnen das Foto eines Raumschiffes, das er im Winter ganz in der Nähe seines Labors geschossen hat.

Biggi entdeckt schnell, dass das Foto eine Fälschung ist. Luk sieht es auch auf den ersten Blick. Nur Patrick muss noch etwas suchen. Doch dann sieht auch er, dass dieses Foto nicht echt sein kann. Denn es ist etwas zu sehen, was es im Winter bei uns gar nicht gibt.

Der Drohbrief

Eines Tages kommt Frau Ginsky, eine Nachbarin, jammernd mit einem Drohbrief zu Biggis Eltern.

„Der Umschlag wurde unter meiner Tür durchgeschoben!“, heult sie. „Ich habe durch den Tür-

spion gesehen, dass es Ihre Tochter war. Sie müssen sie hart bestrafen!“

Als ihre Eltern sie deswegen an die Tür holen, fällt Biggi aus allen Wolken. Sie hat keinen Drohbrief geschrieben, so etwas würde sie nie tun! Vielleicht will Frau Ginsky das Tiger-Team auch einfach nur schlechtmachen? Schließlich haben die drei sie vor kurzer Zeit bei einem Ladendiebstahl ertappt.

Als Biggi sich den Brief genauer ansieht, strahlt sie triumphierend. Sie kann beweisen, dass an dem Drohbrief etwas faul ist.

Was ist faul daran?

NAME: Thomas - TIGER-TEAM-Fan

MEINE STÄRKEN: Immer 1000 Geschichten im Kopf (habe schon mehr als 400 Bücher geschrieben)

DAS FINDE ICH SPITZE: Schreiben, schreiben, schreiben ..., Uhren sammeln (ich habe eine Sonnenuhr für die Hosentasche, eine Uhr, die rückwärts geht, und eine Planetenuhr)

MEIN MOTTO: Auf geht's! Überall gibt es etwas zu entdecken!

Thomas C. Brezinas Romane sind in mehr als 35 Sprachen übersetzt. In China wurde ihm der Titel „Meister der Abenteuer" verliehen.
Er versteht es, so zu schreiben, dass die Leser in seine Geschichten bezogen und die Buchhelden zu Freunden werden, die man immer wieder treffen möchte.
Seit 1996 ist er UNICEF-Botschafter Österreichs und tritt für die Rechte der Kinder in aller Welt und für Schulprojekte ein. 2006 und 2007 wurde er in Österreich zum Autor des Jahres gewählt.

DAS TIGER-TEAM

AB SOFORT IM HANDEL UND

Ebenfalls erschienen:

Band 1: Im Donnertempel
ISBN 978-3-505-12480-8
Mit Geheimfolie!

Band 2: Der Pferde-Poltergeist
ISBN 978-3-505-12481-5
Mit Geheimcodegitter + Flaggenalphabet!

Band 3: Das Geisterflugzeug
ISBN 978-3-505-12482-2
Mit Lineal + Klopfzeichenkarte!

Band 4: Die Ritter-Robots
ISBN 978-3-505-12483-9
Mit Trickspiegel + magischen Karten!

Band 5: An der Knochenküste
ISBN 978-3-505-12484-6
Mit Rätselteppich + Kompasskarte!

Band 19: Der Reiter ohne Gesicht
ISBN 978-3-505-12569-0
Mit Sheriffstern + Trick-Drehscheibe!

Band 24: Die Nacht der Ninjas
ISBN 978-3-505-12570-6
Mit Thermometer- + Fühlkarte!

Band 37: Das Piraten-Logbuch
ISBN 978-3-505-12572-0
Mit Piraten-Logbuch + Schmuckbuchstabenkarte!

Band 43: Der Dämon in der Wunderlampe
ISBN 978-3-505-12479-2
Mit Wunderlampenkarte + Bilderrätselteppich!

Band 7: Der Albtraum-Helikopter
ISBN 978-3-505-12486-0
Mit Stadtplan + unsichtbarer Nachricht!

Band 28: Der Geist im Klassenzimmer
ISBN 978-3-505-12584-3
Mit Geisterclubausweis + Geisterfoto!

Band 36: Die weiße Frau
ISBN 978-3-505-12571-3
Mit Flachtaschenlampe + optischer Täuschung!

Alle Bände:
Mit neuem Decoder,
Hardcover,
ca. 176 Seiten,
€ 8,95 (D)